T0401628

# Huesos en exhibición

**Elisa Jordan, M.A.**

Smithsonian

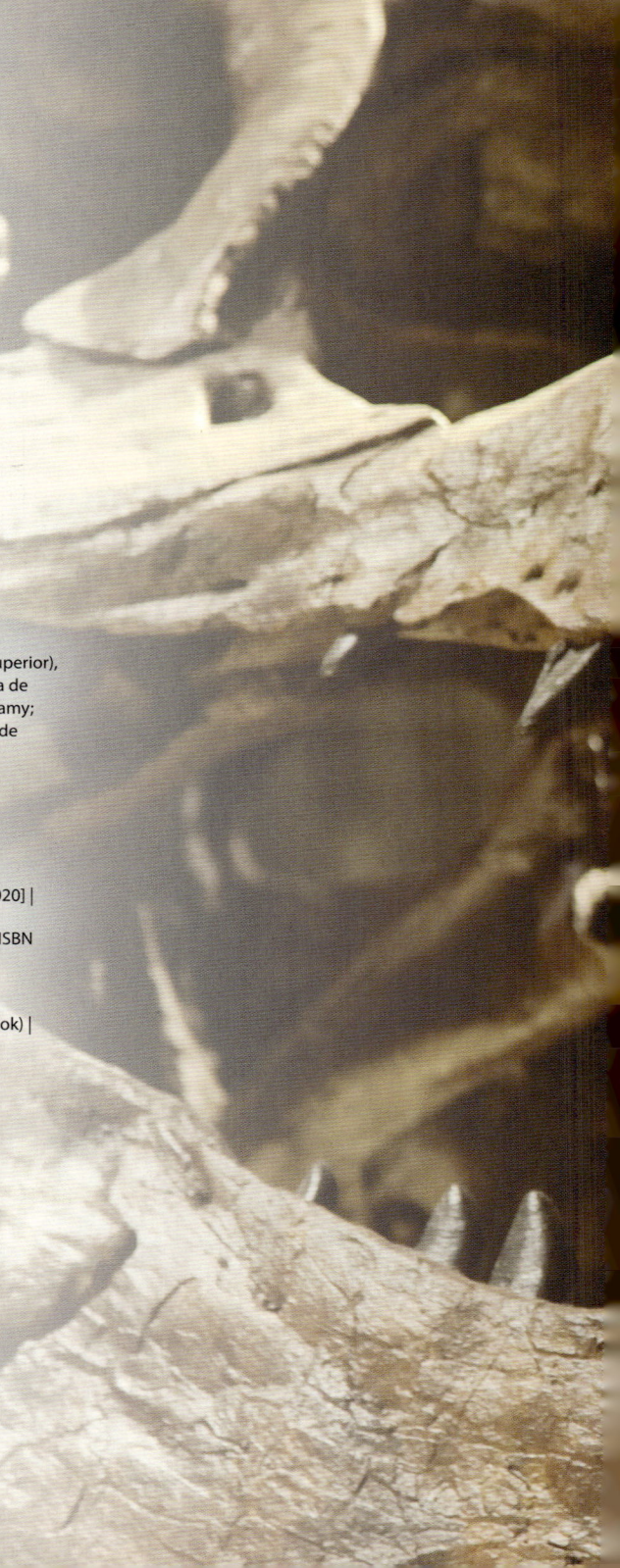

## Autora contribuyente

Jennifer Lawson

## Asesores

**Dr. Don E. Wilson**
Curador emérito, zoólogo
National Museum of Natural History

**Sharon Banks**
Maestra de tercer grado
Escuelas Públicas de Duncan

## Créditos de publicación

Rachelle Cracchiolo, M.S.Ed., *Editora comercial*

Conni Medina, M.A.Ed., *Redactora jefa*

Diana Kenney, M.A.Ed., NBCT, *Directora de contenido*

Véronique Bos, *Directora creativa*

Robin Erickson, *Directora de arte*

Michelle Jovin, M.A., *Editora asociada*

Caroline Gasca, M.S.Ed., *Editora superior*

Mindy Duits, *Diseñadora gráfica superior*

Walter Mladina, *Investigador de fotografía*

Smithsonian Science Education Center

**Créditos de imágenes:** pág.6, pág.7 (superior), págs.8–9, pág.11 (inferior), pág.12 (inferior), págs.14–15, pág.18 (inferior), pág.19 (superior), pág.24 © Smithsonian; pág.14 (inferior) © Field Museum, fotografía de Kate Golembiewski; pág.21 Axel Mauruszat; pág.25 Zuma Press/Alamy; págs.26–27 PA Images/Alamy; todas las demás imágenes cortesía de iStock y/o Shutterstock.

**Library of Congress Cataloging-in-Publication Data**

Names: Jordan, Elisa, author. | Smithsonian Institution.
Title: Huesos en exhibición / Elisa Jordan.
Other titles: Bones on display. Spanish
Description: Huntington Beach, CA : Teacher Created Materials, [2020] | Includes index. | Audience: K to Grade 3.
Identifiers: LCCN 2019047747 (print) | LCCN 2019047748 (ebook) | ISBN 9780743926386 (paperback) | ISBN 9780743926539 (ebook)
Subjects: LCSH: Paleontology--Juvenile literature. | Bones--Exhibitions--Juvenile literature.
Classification: LCC QE714.5 .J6718 2020 (print) | LCC QE714.5 (ebook) | DDC 560--dc23

### Smithsonian

## Teacher Created Materials

5301 Oceanus Drive
Huntington Beach, CA 92649-1030
www.tcmpub.com
**ISBN 978-0-7439-2638-6**
© 2020 Teacher Created Materials, Inc.
Printed in Malaysia
Thumbprints.25941

# Contenido

# Donde viven los huesos

¿Y si los esqueletos pudieran hablar? ¡Sí que pueden! Bueno, de algún modo, nos hablan. Puedes pensar que es un poco raro, pero es cierto. Cada hueso tiene una historia. Solo hay que aprender a leer las historias de los huesos.

Los huesos pueden decirnos dónde vivieron los animales o qué comían. También pueden decirnos cuándo vivieron. ¡Algunos huesos tienen millones de años! Gracias a ellos, podemos aprender sobre animales reales que vivieron hace muchísimo tiempo. Puedes encontrar esos huesos en los museos de historia natural. Este tipo de museo nos ayuda a aprender sobre la vida en la Tierra.

Este *Tyrannosaurus rex (T. rex)* está en el Museo de Ciencias de Hong Kong.

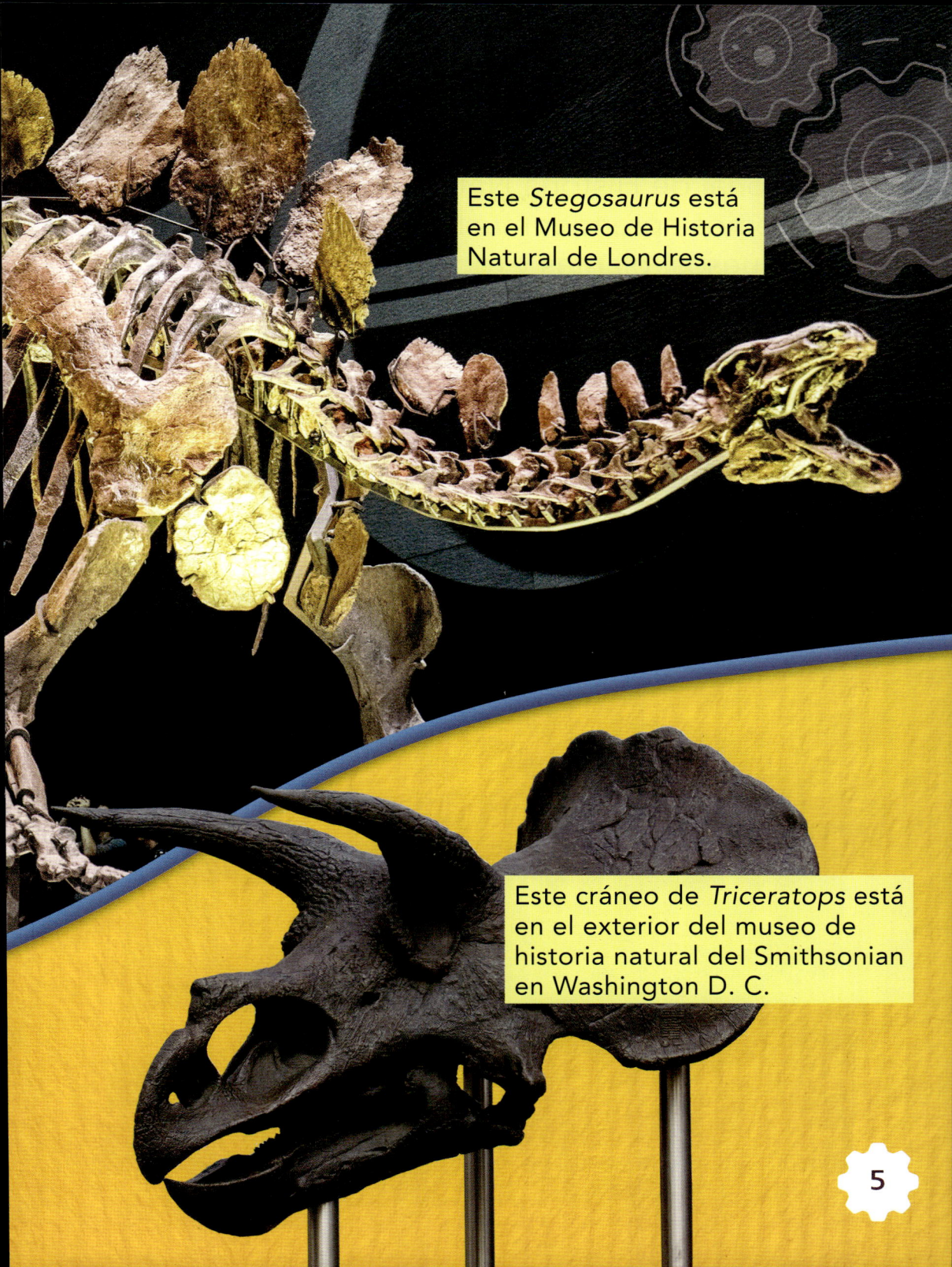

Este *Stegosaurus* está en el Museo de Historia Natural de Londres.

Este cráneo de *Triceratops* está en el exterior del museo de historia natural del Smithsonian en Washington D. C.

El instituto Smithsonian tiene un museo de historia natural muy conocido.  Se llama Museo Nacional de Historia Natural.  ¡Es enorme! Podemos aprender muchas cosas allí.  Podemos ver huesos, plantas y rocas del pasado.

El museo tiene más de cien años.  Ha crecido mucho a lo largo de los años.  Algunas **exhibiciones** han cambiado.  Pero el propósito sigue siendo el mismo.  Los trabajadores del museo esperan poder enseñarles a las personas acerca del mundo.  Lo hacen enseñándoles cómo eran las cosas en el pasado.

Antes de que abriera el museo, la colección de huesos del Smithsonian estaba en otro lugar.  Los trabajadores tuvieron que usar una carreta tirada por caballos para llevar 10 millones de objetos al nuevo sitio.

modelo de ballena azul del Smithsonian en la Feria Mundial de 1904

modelo de ballena franca del Atlántico Norte exhibido hoy en el museo del Smithsonian

El Smithsonian creó una exhibición especial para los huesos. Los trabajadores no estaban seguros si las personas irían a visitarla. ¡Pero sí que fueron! Muchísima gente visitó las exhibiciones de huesos, en especial los que vivían cerca.

Al poco tiempo, se inauguraron nuevas exhibiciones en distintos lugares del mundo. Cada vez más gente podía ver estos huesos del pasado. Ahora es fácil encontrar estas exhibiciones. Hoy podemos visitar distintos museos para aprender sobre los animales y las personas del pasado.

exhibición de un *Stegosaurus* en el Museo Nacional de Historia Natural del Smithsonian en la década de 1950

la primera sala de exhibición de huesos del Smithsonian

La colección de huesos del Smithsonian se exhibió en este edificio hasta 1910.

9

# Quién, qué, dónde

Mucha gente visita museos. Y muchas personas trabajan en museos. Muchos trabajadores están en áreas donde los visitantes pueden verlos. Algunos les cuentan a los visitantes sobre las exhibiciones. Otros mantienen las exhibiciones limpias.

Pero no todos los trabajadores de los museos están a la vista. Los científicos trabajan donde los visitantes no los ven. A veces, necesitan lugares tranquilos donde trabajar. Estudian cosas, como obras de arte o huesos. Otras veces, buscan huesos para añadirlos a las exhibiciones. Esa parte de la tarea se llama **trabajo de campo**. Cuando los científicos terminan el trabajo de campo, llevan los huesos de vuelta a los museos.

Una trabajadora de un museo entrega mapas a un grupo para que puedan ubicarse durante la visita.

Un grupo de científicos busca huesos.

Estos científicos envuelven los huesos que hallaron para enviarlos al Museo Nacional de Historia Natural.

Después de que se recolectan los huesos, los científicos deben cuidarlos. Los huesos pueden ser muy antiguos. Por eso, hay que tener mucho cuidado al trabajar con ellos. Lo primero que hacen los trabajadores al recibirlos en el museo es limpiarlos. Usan muchas herramientas para quitar la suciedad y la tierra sin dañar los huesos.

Una vez que los huesos están limpios, hay que volver a armarlos. Con el paso del tiempo, los huesos pueden romperse en distintas partes. Los trabajadores unen las partes con pegamento. A veces, ¡las partes son muy pequeñas! Unirlas puede ser una tarea muy difícil.

Un científico quita el envoltorio de un hueso en el Museo Nacional de Historia Natural.

Una científica usa un punzón neumático para quitar la suciedad.

## Tecnología e ingeniería

## Herramientas de trabajo

Los científicos usan muchas herramientas para limpiar los huesos. A veces, usan punzones neumáticos. Son como pequeños taladros. Otras veces, usan púas o cepillos.

13

Una vez que se seca el pegamento, los trabajadores hacen **réplicas**, o copias, de los huesos. Estas réplicas son las que se exhiben, y los huesos reales se guardan para mantenerlos protegidos. Primero, hay que hacer un molde. Para eso, los trabajadores colocan el hueso sobre una base de arcilla. Después, pintan el hueso con goma líquida. Cuando la goma se seca y se endurece, la retiran. Así se obtiene un molde de la mitad del hueso. Luego, el trabajador da vuelta al hueso y hace el molde de la otra mitad.

Los trabajadores luego unen las dos mitades del molde. Para eso, ponen plástico o **resina** dentro del molde y esperan. Cuando el líquido se seca, retiran el molde. Así, obtienen una copia exacta del hueso.

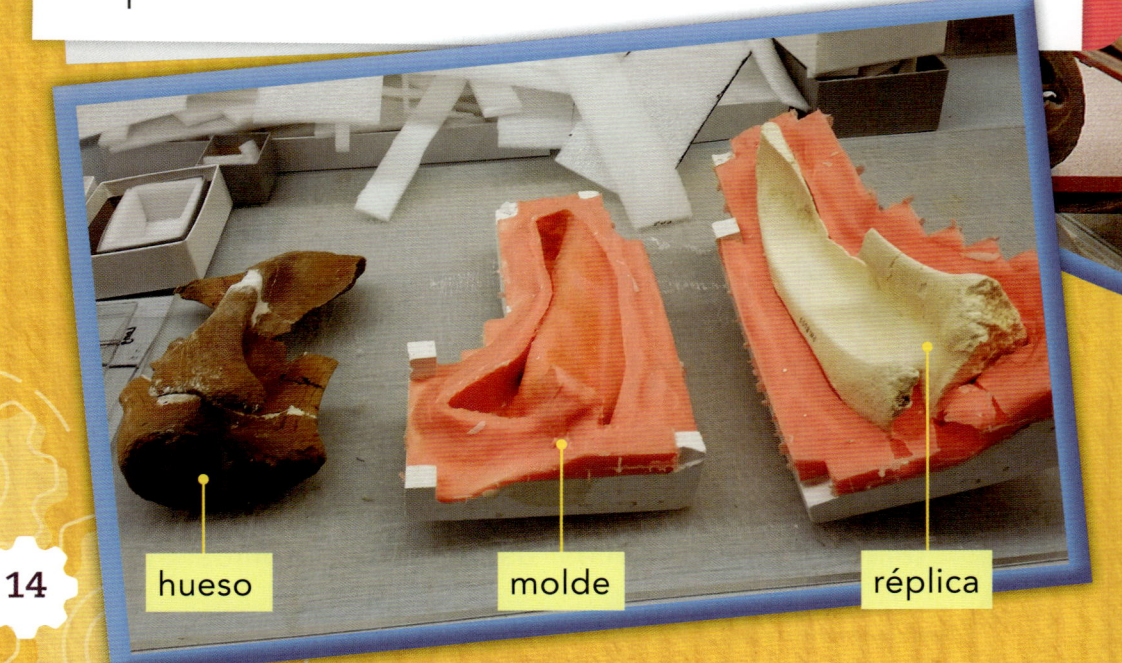

hueso     molde     réplica

Esta es la réplica del cráneo de un dinosaurio.

Esta réplica del cráneo de un *T. rex* se pintó y se expuso en una exhibición.

**Arte**

## Cómo pintar huesos

Las réplicas de los huesos son de color blanco. Pero la mayoría de los museos tienen huesos muy antiguos. Esos huesos suelen ser de color marrón, no blanco. Por eso, hay artistas que pintan las réplicas. Los artistas usan distintos tonos para que las copias parezcan reales.

15

Cuando las réplicas están listas, los científicos pueden estudiarlas. Pueden comparar la forma y el tamaño con los de otros animales. Pueden tratar de aprender sobre los animales y sus **hábitats**. También pueden estudiar los dientes. Los dientes les cuentan qué comía el animal. Los científicos miran, además, si hay alas o aletas. Si hay alas, eso puede indicar que el animal volaba. Si hay aletas, el animal tal vez nadaba.

Los científicos se vuelven expertos en **fósiles**. Comparten lo que aprenden. Lo comparten con científicos que están cerca y con otros que están lejos. Cada animal es distinto, y ¡eso significa que hay muchos fósiles para estudiar!

## Ciencias

## La verdad sobre los dientes

Los dientes y los huesos están hechos de **minerales**. Pero los dientes son más duros que los huesos. Si una persona se rompe un hueso, el hueso puede volver a crecer. Pero si alguien se rompe un diente, el diente no vuelve a crecer.

diente de un *T. rex*

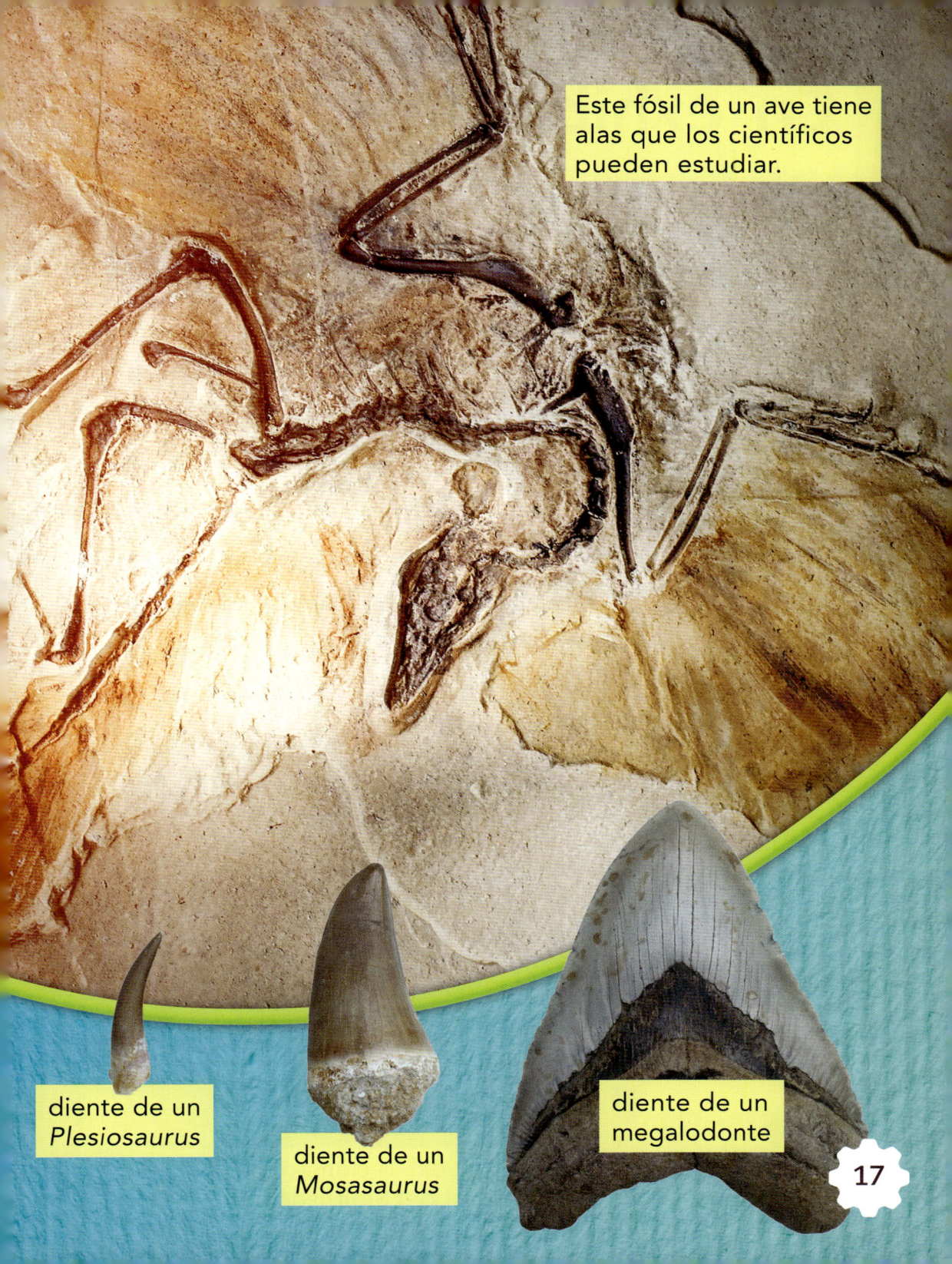

Este fósil de un ave tiene alas que los científicos pueden estudiar.

diente de un *Plesiosaurus*

diente de un *Mosasaurus*

diente de un megalodonte

17

# En exhibición

Algunas réplicas de huesos se usan para armar esqueletos que se muestran en las exhibiciones. Ayudan a que las personas puedan "ver" el pasado.

El primer paso para hacer una exhibición de este tipo es el diseño. Los trabajadores del museo quieren poner los huesos de cierta manera. Pueden colocar el esqueleto de un ave para que parezca que está volando. O pueden colocar los huesos de un pez para que parezca que está nadando. Tal vez pongan esqueletos enormes junto con otros pequeños. La diferencia de tamaño puede ser impactante. Las exhibiciones ayudan a la gente a imaginarse cómo eran los animales cuando estaban vivos.

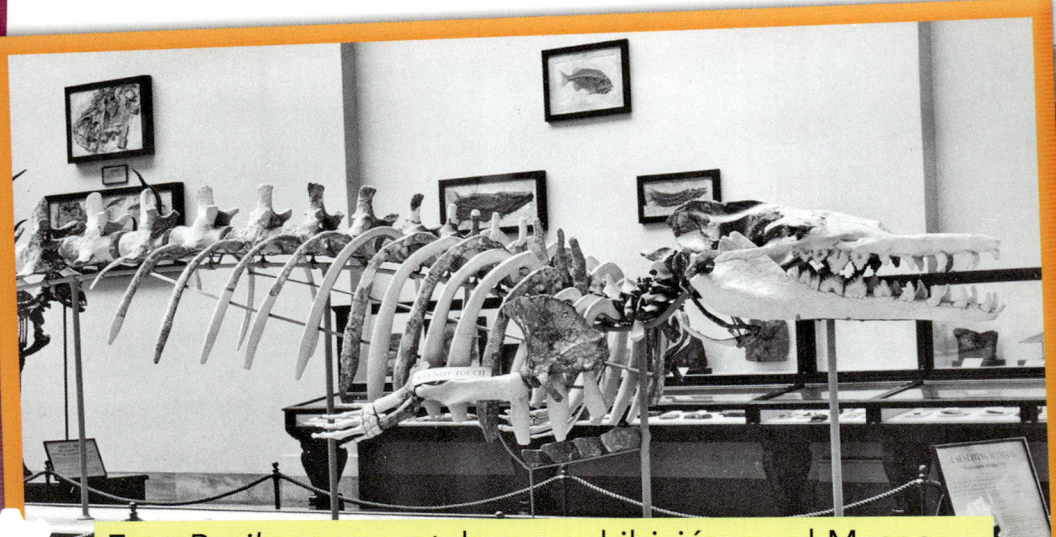

Este *Basilosaurus* estaba en exhibición en el Museo Nacional de Historia Natural del Smithsonian en 1912.

En 1989, los trabajadores rediseñaron la instalación del *Basilosaurus* para que pareciera que estaba nadando.

El animal terrestre de mayor tamaño hoy es el elefante africano. ¡El dinosaurio más grande posiblemente pesaba tanto como 16 elefantes africanos!

19

Después de diseñar las exhibiciones, es tiempo de construirlas. Algunos esqueletos son enormes. El dinosaurio más alto medía más de 18 metros (59 pies) de alto. Por eso, los museos necesitan mucho espacio para mostrarlos. Los esqueletos suelen exhibirse de pie. Así es más fácil ver cuán grandes o pequeños eran los animales.

Los animales vivos tienen **ligamentos** y **tendones** que sostienen a los huesos en su lugar. Pero los fósiles ya no los tienen porque esas partes se descompusieron. Por eso, los trabajadores deben construir armazones para sostener las réplicas. Unen pedazos de metal para construir los armazones. Luego, usan alambre para atar las réplicas a los armazones. Así las personas pueden ver los esqueletos enteros.

Estas réplicas de los huesos de un pie están unidas con alambre.

## Medir los huesos

Para instalar una exhibición, los diseñadores necesitan saber cuál será el tamaño del esqueleto final. Tienen que medir los huesos. Luego, tienen que sumar las medidas. Eso los ayuda a encontrar un espacio que sea del tamaño correcto.

En esta exhibición, puede verse un *Giraffatitan*, uno de los dinosaurios más altos que haya existido.

# Como sí fueran reales

Podemos aprender mucho mirando los huesos. Pero también es divertido ver cómo eran los animales cuando estaban vivos. ¿Tenían púas? ¿Tenían pelo? ¿De qué color eran? Aquí es donde los museos pueden ponerse creativos.

Los museos pueden ayudar a sus visitantes a imaginar qué sonidos hacían o cómo eran los animales cuando estaban vivos. ¡Podemos llegar a escuchar el potente rugido de un tiranosaurio! O podríamos ver cómo pasa nadando un tiburón. Los museos además pueden mostrar animaciones de los animales en movimiento. Estas exhibiciones nos ayudan a aprender aún más sobre los animales.

Este dibujo por computadora nos muestra cómo podría haber sido un dinosaurio.

Es posible caminar entre estos modelos de dinosaurios en el Parque Jurásico interactivo que está en Polonia.

Esta exhibición muestra a un dinosaurio bebé saliendo del cascarón.

23

El Museo Nacional de Historia Natural del Smithsonian tiene una aplicación ¡que hace que los huesos cobren vida!  Hay que abrir la aplicación *Skin and Bones* (piel y huesos) y después colocar el teléfono o la tableta frente a los esqueletos de las exhibiciones.  En la pantalla se muestra cómo eran los animales.  Cuando las personas caminan, ¡pueden ver cómo los animales se mueven con ellas!

La aplicación también viene con distintos juegos. En uno de los juegos, hay que escuchar un sonido y adivinar qué animal lo hizo.  En otro, se puede "conocer" a los científicos que trabajan con los huesos.  Quienes viven lejos también pueden usar la aplicación.  ¡Pueden escanear imágenes en su casa!  Las aplicaciones como *Skin and Bones* son una nueva manera de aprender sobre el pasado.

Una visitante del museo usa la aplicación *Skin and Bones*.

Una mujer usa una tableta para aprender más sobre los dinosaurios.

# Escuchemos

Aprendemos mucho en las exhibiciones y muestras de huesos. Aprendemos cómo era la Tierra hace mucho tiempo. Los huesos nos enseñan acerca de la vida. También nos enseñan acerca de los distintos hábitats.

Por eso, el trabajo que hacen los científicos que estudian los huesos es muy importante. Pueden enseñarnos sobre el pasado. Podemos aprender más cuando vemos los huesos en una exhibición. Lo único que tenemos que hacer es escuchar con atención las historias que nos cuentan los huesos.

Una científica estudia un esqueleto de *Diplodocus* en Londres.

Una estudiante mira un fósil en un museo de historia natural.

# DESAFÍO DE CTIAM

## Define el problema

Los trabajadores de un museo de historia natural que está cerca de tu casa encontraron un nuevo fósil de un esqueleto. Quieren crear una exhibición para mostrar los huesos. Te han pedido que hagas un modelo de la exhibición.

**Limitaciones:** Solo puedes usar una caja de zapatos, arcilla, limpiapipas, pegamento, cinta adhesiva, pintura, lápices de colores o marcadores para crear tu exhibición.

**Criterios:** La exhibición debe tener un esqueleto de un animal y su hábitat. El esqueleto debe estar de pie. Debes incluir algunas oraciones para enseñar a las personas sobre el animal.

## Investiga y piensa ideas

¿Por qué los trabajadores de los museos deben saber cómo exhibir los huesos? ¿Cómo nos ayudan las exhibiciones a aprender sobre los animales? ¿Qué hacen los museos para que aprender sea divertido?

## Diseña y construye

Bosqueja un modelo de tu exhibición. ¿Qué propósito cumple cada parte? ¿Qué materiales usarás? Construye el modelo.

## Prueba y mejora

Muestra tu modelo a tus amigos. ¿Pueden reconocer qué animal es? ¿Tu modelo puede sostenerse sin ayuda? ¿Cómo puedes mejorarlo? Mejora tu diseño y vuelve a intentarlo.

## Reflexiona y comparte

¿Qué parte de este desafío fue difícil? ¿Qué aprendiste? ¿Cómo podrías añadir alguna tecnología para ayudar a que las personas se imaginen cómo era y qué sonidos hacía el animal de tu exhibición?

# Glosario

**exhibiciones**: objetos o colecciones que se colocan en un lugar para que las personas los puedan ver

**fósiles**: cosas, como los esqueletos, que pertenecen a animales o plantas que vivieron hace mucho tiempo

**hábitats**: los tipos de lugares donde los animales o las plantas viven y crecen naturalmente

**ligamentos**: fibras resistentes de tejido que mantienen a los huesos y los órganos en su lugar

**minerales**: sustancias que se forman naturalmente en la tierra

**réplicas**: copias que se hacen vertiendo o presionando cosas dentro de moldes

**resina**: un líquido que puede hacerse o extraerse de los árboles y que se usa para fabricar plásticos

**tendones**: fibras resistentes que unen los músculos con los huesos

**trabajo de campo**: un trabajo que se hace saliendo al aire libre y recabando información

# Índice

# Consejos profesionales
## del Smithsonian

**¿Quieres estudiar huesos?**

Estos son algunos consejos para empezar.

"Si quieres aprender sobre los animales, ¡pasa tiempo al aire libre! Después, cuando seas más grande, estudia biología y paleontología".
**—Don E. Wilson, curador emérito**

"Busco fósiles que han estado enterrados millones de años. Si quieres sentir esta experiencia, lee libros sobre los fósiles. Visita museos y ¡haz preguntas!".
**—Matthew T. Miller, técnico del museo**

# Índice

# Soluciones

## Exploremos las matemáticas

**página 7:**

1. 56 kilómetros

2. Las respuestas variarán. Ejemplo: *Sí, mi respuesta es razonable porque sé que 56 está cerca de 60 y 42 está cerca de 40. 60 + 40 = 100, que está cerca de 98.*

**página 15:**

1.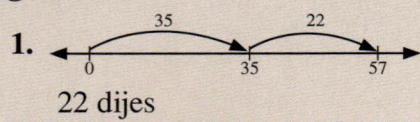

   22 dijes

2. 13 monedas

**página 19:**

22 máscaras no tienen plumas; 64 (entero) – 42 (parte) = 22 (parte), o 42 (parte) + 22 (parte) = 64 (entero)

**página 23:**

$21; si la rosca de Reyes cuesta $15 y los *beignets* cuestan $9 menos, los *beignets* cuestan $6 porque $15 – $9 = $6. Así que, el total de la rosca de Reyes y los *beignets* es $15 + $6 = $21. Los dibujos pueden incluir modelos de barras, bloques base 10 o rectas numéricas.

## Resolución de problemas

1. 12 cangrejos de río;
   8 + 10 = 18 cangrejos de río;
   18 – 6 = 12 cangrejos de río

2. 38 cangrejos de río;
   53 – 15 = 38 cangrejos de río

3. 15 cangrejos de río;
   53 – 38 = 15 cangrejos de río

4. 29 cangrejos de río;
   38 – 9 = 29 cangrejos de río